ISHVARA

La realizzazione del Sé con le 29 carte

Dipinti di Maria Theresia Bitterli

Studio ISHVARA

Studioishvara © 2019

www.studioishvara.com

SOMMARIO

INTRODUZIONE

Nei testi vedici, Ishvara viene descritto come la più alta personificazione del divino che si può immaginare tramite la mente. Ishvara è come il vento, non lo si vede ma lo si sente. La moltitudine è la sua manifestazione. Si manifesta anche attraverso di noi. È solo un cartello che indica la strada verso noi stessi, verso l'Essenza. Ishvara è il nostro specchio dell'anima. Ishvara è per coloro che sono pronti ad andare oltre la forma e la non forma.

Iniziamo un viaggio di autoconoscenza con l'oracolo di Ishvara. Si tratta del viaggio che ha inizio con il richiamo dell'anima, quella voce che dal profondo dei nostri sogni sussurra di andare alla ricerca della ricchezza interiore, spirituale e della bellezza della nostra vita nella realizzazione del Sé.

1. CHI SIAMO

Siate ciò che siete, perché non potete fare diversamente. Siete già ciò che cercate. Siete oltre la memoria del passato, oltre il tempo e lo spazio. Imparate a conoscervi sempre meglio e capirete così che, anche se siete diversi gli uni dagli altri, provenite tutti dalla stessa fonte. Voi siete ciò che testimonia l'andare e il venire del respiro, della coscienza stessa. Vedetevi sempre come degli strumenti di Dio.

2. LE RELAZIONI UMANE VALIDE

A volte, si esprimono dei lati umani difficili da capire e ancor più da accettare. Innanzitutto, imparate a prendervi del tempo per restare in pace con voi stessi, da soli, e scoprirete che, osservando i vostri schemi mentali e diventandone sempre più consapevoli, essi perderanno forza e presa su di voi. Solo allora sarete in grado di incontrare l'altro nel qui e ora senza l'influsso del passato. E le relazioni umane valide potranno essere sempre nuove e creative. Le relazioni profonde creano valori umani che si fondano sul rispetto reciproco e la reciproca comprensione.

3. IL DOLORE, LA SOFFERENZA

Non pensate di fuggire il dolore. Imparate sempre di più ad entrare nel dolore e ad abbandonarvi ad esso. Trascenderete completamente il dolore quando avrete realizzato di essere l'Eternità. Concentrarsi troppo sul corpo distrae dall'Eternità. Perché preoccuparsi troppo di ciò che prima o poi dovrete abbandonare (il corpo)? Mistici e

Santi di ogni religione hanno dimostrato che è possibile sperimentare l'estasi mistica anche se il loro corpo e la loro mente avevano dolori e sofferenze.

4. IL TEMPO

La reazione è sempre del passato. Il pensiero è il passato che, modificandosi nel presente, si proietta nel futuro. La vostra nostalgia del passato vi annebbia la capacità di percepire l'eternamente nuova bellezza del momento presente. I tempi umani sono lunghissimi, quelli spirituali immediati. La grazia divina è

oltre il tempo e lo spazio. Essa deciderà come
e quando il Sé sarà realizzato.

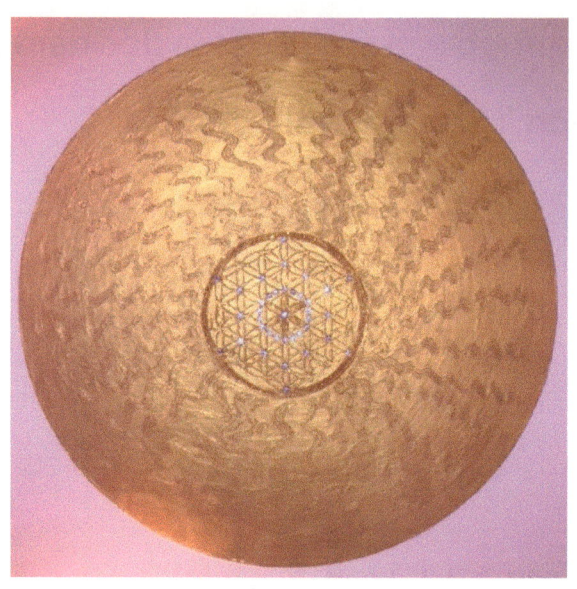

5. GERARCHIA E DIVERSITÀ

La gerarchia, nell'essenza, è uno, nella manifestazione si esprime nella diversità. Il Sole, ad esempio, può essere visto come la massima gerarchia per voi, perché senza di esso non ci sarebbe vita, ma non per questo vi comanda, vi dice cosa fare. Il Sole splende su tutti, non distingue tra buoni e cattivi.

Ognuno di voi è maestro e discepolo, e pura

trascendenza di entrambi.

6. IL SOGNO

La magia del momento presente, nel qui e ora, apre i vostri cuori. Imparate sempre di più a rilassarvi nel qui e ora, indipendentemente da ciò che state facendo. Tutto ciò che vi servirà per realizzare il vostro sogno vi arriverà a tempo debito, quindi, rilassatevi sempre più. Vivete la vostra vita come se fosse un magnifico sogno colmo di bellezza, perché tutti gli stati di coscienza, compreso lo stato di veglia, sono della consistenza di un sogno agli occhi del Sé, poiché passeggeri. Quindi, decidete ora, in questo momento, di essere felici. Così la vita diventa una benedizione, un'imperdibile opportunità di crescita nella gioia e nell'Amore.

7. LO SPECCHIO E LE PROIEZIONI

Anche se la vostra vita ha un suo ritmo quotidiano, ascoltate sempre il vostro cuore che, nel limite delle vostre possibilità, vi aiuterà a discernere ciò che sarà meglio per voi. Ricordatevi che, sia che rimaniate fermi o che corriate, la pace regnerà sempre dentro di voi, dunque, osservatela, nel qui e ora, e scoprirete che è sempre stata qui, dentro di voi, e sempre lo sarà, anche quando questo vostro corpo-mente smetterà di funzionare, questa straordinaria pace interiore continuerà ad esistere, e questa è l'eternità. Voi siete l'eternità, il vostro corpo e la vostra mente sono fatti di eternità. Corpo e mente nascono e sono riassorbiti dall'eternità, che è pace infinita, dentro di voi, qui e adesso. La vostra mente è lo schermo, lo specchio in cui appare ciò che vedete, ciò che sperimentate nella vostra vita. Più vi identificate con la mente, con l'immagine che avete di voi stessi, e più ne soffrirete la sua dissoluzione. Se invece vi riconoscete nel silenzio interiore che precede la mente, allora non ci sarà più nessuno che potrà identificarsi con lo specchio e soffrire, poiché osserverete la vita dalla prospettiva di questo incommensurabile silenzio. Voi siete questo infinito silenzio, che è spazio senza confini, un vuoto dove non esistono più né tempo né spazio, ma solo puro amore, pura consapevolezza, che si manifesta in questo momento, qui e ora, e che è fatta della stessa essenza, pertanto, ogni forma di separazione è trascesa. Da questo silenzio, voi testimoniate, osservate ciò che accade nella vostra coscienza. Voi osservate ciò che siete, ciò che accade al vostro corpo-mente. Non vi identificate più con ciò che viene proiettato sullo schermo della vostra coscienza. Voi precedete ciò che pensate di essere. Il silenzio interiore è il Sé, che unisce e trascende ogni cosa, non c'è più separazione.

8. IL DESTINO

Il destino viene assolto in ogni caso, quindi, abbandonatevi totalmente ad esso, non come una deprimente forma di rassegnato nichilismo ma, al contrario, con piena consapevolezza di assolvere serenamente a quanto stabilito dal piano divino. Ricordatevi sempre che le vostre volontà e responsabilità fanno parte del piano divino. Voi siete il mondo e il mondo è voi. Il destino che state vivendo ora è la vostra bussola e, vivendo ogni atto nel qui e ora verso la totale libertà, vi condurrà al risveglio del puro amore. Il caso ammette l'ignoranza, ma la libertà trascende entrambi.

9. LA MAESTRA, IL MAESTRO

Le Maestre e i Maestri spirituali ci sono per ricordarvi ciò che avete dimenticato. Vi siete dimenticati di ciò che non potete ricordare. Non tutti i Maestri possono condurvi al Sé, alcuni vi danno delle tecniche che vi limitano. Liberatevi dall'immagine che avete del Maestro, altrimenti continuerete ad essere in gabbia. Un vero Maestro vi libera, non vi mette in gabbia. A cosa vi serve venerare un'immagine quando sapete di essere l'Assoluto? Nondimeno, nulla vi vieta di venerare un'immagine, pur sapendo di essere l'Assoluto.

10. OLTRE LA DUALITÀ E LA NON DUALITÀ

La dualità andrebbe trascesa con la meditazione. La vostra mente duale non potrà mai accettare il fatto che voi siete eterni. Una volta realizzata l'unità, non si può più tornare indietro. Si tratta fondamentalmente di una fusione tra l'io e il Sé. L'inganno della vostra mente sta nel farvi credere erroneamente che siete separati dal mondo ma, anche se siete diversi, non siete separati. Di fatto, non potete esserlo perché voi siete il frutto del mondo e, come tale, non potete esserne separati. Voi siete il mondo. Se non c'è separazione, allora c'è totalità, allora vivrete con pienezza la vostra vita. L'onda non è separata dall'oceano. La dualità e la non dualità sono le due facce di una stessa medaglia. La meditazione le unisce e le trascende.

11. I MONDI PARALLELI DEL MULTIVERSO

Ci sono infiniti mondi paralleli che si possono descrivere in altrettanti infiniti modi. La meditazione non è una via di fuga verso altri mondi, al contrario, essa fiorisce sempre nel qui e ora, portando i propri frutti nella vita quotidiana.

12. L'IMPERMANENZA

Nascita e morte sono illusorie perché sono impermanenti. Mettere eccessiva attenzione all'impermanenza allontana dal Sé. Incarnandovi, avete perso la dimensione eterna e, per ritrovarla, dovreste riscoprire ciò che eravate prima di essere stati concepiti. L'Eternità è al di là dell'impermanenza e della permanenza.

Nella non separazione tutto è Eternità. La pura consapevolezza è l'Eternità che testimonia il venire e l'andare dei diversi stati di coscienza.

13. LA MEDITAZIONE

Dovreste prendervi più tempo per meditare, perché tutte le risposte alle vostre domande sono già dentro di voi. Meditando, vi renderete sempre più conto di non essere tutto ciò che credete di essere. Se siete consapevoli di chi sta meditando, poco importa dell'oggetto della meditazione. Iniziate a meditare con l'essere consapevoli di ciò che siete nel qui e ora. Meditate sulla forma e successivamente sulla non forma e il silenzio interiore sarà il vostro Maestro.

14. IL MANTRA OM NAMÒ ISHVARAYA NAMAHA

Questo mantra è una fusione di mantra molto antichi ed è una lode all'Assoluto. Ogni mantra trae beneficio dalla divinità a cui è indirizzato. Il presente mantra è consigliato a coloro che hanno fame ma non si accontentano di ricette. È il mantra che si svelerà a voi senza che lo dobbiate ripetere volontariamente. Lasciatelo danzare con gioia nella vostra mente. Non abbiate regole, lasciate che sia il mantra a recitare sé stesso. Non forzate nulla. Lasciate che la sua recitazione accada spontaneamente. Non bloccate o frenate quando il mantra nasce dal silenzio della vostra mente. Non diventate troppo tecnici altrimenti perdete il senso profondo del mantra. Il mantra vi conduce a Dio. Il mantra è la forma più alta di preghiera. Entrambi nascono e si dissolvono nel silenzio della mente.

15. LA VITA È QUI E ORA

Non si dovrebbe cercare la sofferenza ma la gioia di vivere. Non è richiesto alcun sacrificio per raggiungere Dio, a meno che sia previsto dal piano divino. Non è necessario che vi sacrificate, in fondo chi siete, se non il nulla, il vuoto, il silenzio, il tutto!? Bisognerebbe abbandonarsi totalmente alla vita per vivere in ogni momento una rinascita. Godetevi ogni attimo della vita senza rimpianti né attaccamenti. Non escludete mai nulla dalla vita poiché tutto è sempre possibile. La vita è un continuo rinnovamento. Imparate a vedere lo straordinario nell'ordinario. Esiste solo ciò che è, il qui e ora. Fate di ogni momento della vostra vita la celebrazione del sacro.

16. IL LIBERO ARBITRIO

Il libero arbitrio non viene scavalcato né da Dio né da nessun maestro. Il libero arbitrio esiste fintanto che vi considerate solo un corpo-mente. Decidete sempre come se avete il libero arbitrio, ciò vi aiuterà a sentirvi

più responsabili e la responsabilità apre le
porte della compassione, che è Amore.

17. LA MENTE SILENZIOSA

La mente può solo mentirvi perché è sempre limitata. I dubbi sono della mente. La mente mente, per questo voi ascoltate gli altri invece di fidarvi di voi stessi. Una volta abbandonati tutti i concetti, la mente entra in un profondo ed estatico silenzio, a quel punto avrete trasceso ogni forma di individualità e separazione, e la mente sarà sacra nella realizzazione del Sé, sprofondando nell'Eternità. Siate sempre più consapevoli della profondità del silenzio che c'è nella vostra mente. Il silenzio è la più alta forma di saggezza. Una mente silenziosa sa ascoltare e accogliere la bellezza della vita perché è straordinariamente sensibile. La forma e la non forma si abbracciano nella profondità di una mente silenziosa.

18. IL PIANO DIVINO

La mente, essendo limitata, non potrà mai capire totalmente il perché ci si abbandona alla volontà divina. Potete lottare vite intere, ma solo se sarà nel piano divino si realizzerà ciò che volete. Nulla è sbagliato, tutto è piano divino. Non è richiesto alcun sacrificio per raggiungere ciò che volete, a meno che sia previsto dal piano divino. Quando tu realizzi che la mente non potrà mai conoscere completamente il piano divino, tu ti rilassi, ti abbandoni sempre di più alla volontà divina, allora la tua mente diventa sempre più silenziosa e, da questo profondo silenzio, scaturisce l'azione giusta, che è in sintonia con il piano divino, e questo è il fiorire dell'amore e della compassione.

19. LIBERTÀ

La libertà non è fare ciò che vi pare e piace, questo è infantilismo, è immaturità e irresponsabilità. Liberatevi da ogni condizionamento psicologico osservando, durante l'arco di tutta la giornata, come la vostra mente, i vostri pensieri v'influenzano. La conoscenza di voi stessi che nasce dall'osservazione di ciò che effettivamente siete di momento in momento, vi libera da ogni condizionamento, da ogni conflitto, portando sempre più serenità e pace nella vostra vita. Imparate sempre più a liberarvi dalle paure, dalla rabbia, dalla possessività, dalla gelosia, ecc., quando esse si presentano nella vostra vita quotidiana. La libertà inizia dal momento in cui diventate sempre più consapevoli dei movimenti della vostra mente quando essi si presentano. Imparate dai fatti, da ciò che siete, limitarsi a teorizzare non vi cambierà di certo. Potete conoscere molte teorie sulla rabbia, ma solo quando essa si presenterà nella vostra vita diventerà un fatto e, se saprete gestirla diventandone sempre più consapevoli, essa avrà sempre meno presa su di voi, diventando così sempre più liberi. Imparate a stare bene con voi stessi e non fate dipendere la vostra felicità da fattori esterni. L'amore è libertà da ogni condizionamento. La libertà è solo nel qui e ora, e fiorisce nel silenzio della mente.

20. LUCE

L'idea di un fatto non è il fatto stesso. La parola luce, non è la luce. L'idea che avete della luce non è la luce stessa, ma ne è solo una descrizione. Tutto ciò che può essere descritto non è la verità. La luce della consapevolezza vi fa vedere ciò che siete realmente nella vostra vita quotidiana. Una tale luce brucia i pensieri sul loro nascere. Offrite le vostre emozioni, i vostri sentimenti ombrosi sulla fiamma della consapevolezza e tutto sarà riappacificato. Siate luce a voi stessi. Dove c'è luce non può esserci ombra. L'io, cercando il Sé, si dissolve, come la falena che muore bruciata avvicinandosi alla luce. La luce della consapevolezza di ciò che siete di momento in momento porterà sempre più chiarezza e libertà nella vostra vita e in quella di chi entrerà in contatto con voi.

21. AMORE

Non perdete mai l'amore e la passione per la verità. La ricerca della verità è la via dell'amore. L'amore è verità, che si esprime attraverso i fatti nella vita di tutti i giorni. Amore è non fare agli altri ciò che non vorresti sia fatto a te. Amore è impegnarsi ad essere sempre più gentili con voi stessi e gli altri. L'amore dà senza chiedere niente in cambio, ma l'amore è anche discernimento. La conoscenza di sé stessi apre le porte della comprensione e accettazione della diversità, che è amore e compassione.

22. LA PURIFICAZIONE DEL COPRO E DELLA MENTE

Quando vi trovate nel mondo dei sogni oppure nel sonno senza sogni, non vi preoccupate di purificare il corpo e la mente. Il problema sorge in questo stato di coscienza, lo stato di veglia, che non è l'unico. Dipende, quindi, dalla prospettiva da cui guardate. Ad esempio, se l'osservazione del problema avviene dalla prospettiva del

Sé, ovvero, da ciò che siete prima di essere nati, o prima della prima nascita, scoprirete che chi ha la necessità di purificarsi non esiste, quindi, il problema non si pone nemmeno. Se invece l'osservazione del problema avviene dalla prospettiva del corpo-mente, ecco che il pensiero di doversi purificare diventa, per così dire, reale poiché è sostenuto non solo dall'idea di dovervi purificare da qualche cosa, ma anche dall'identificarvi soprattutto con il vostro corpo e la vostra mente. Sia il corpo che la mente richiedono una forma di purificazione che, in questo caso, viene intesa come capacità di mantenere in buona salute entrambi, attraverso delle attività che consentono al corpo di mantenersi il più possibile sano e alla mente di diventare sempre più serena e silenziosa. Lasciate che la mente si rilassi e il vostro cuore pulserà di amore.

23. LA SCELTA

Dove c'è scelta, c'è confusione. La chiarezza non richiede scelte. Nella confusione, è meglio non scegliere, ma piuttosto prendetevi il tempo necessario affinché la chiarezza possa dissolvere ogni dubbio, e allora scoprirete che non ci sarà più bisogno di scegliere, perché saprete fare la cosa giusta, ovvero, ciò che va fatto. Ricordatevi che anche il non scegliere è una scelta. La vostra vita andrà avanti anche se vi capiterà di non poter decidere. Ma non lasciate che siano gli altri a decidere della vostra vita. L'abbandono totale alla volontà divina non nega la vostra capacità di scelta ma, al contrario, vi libera dall'egoismo di modo che possiate decidere per il bene comune.

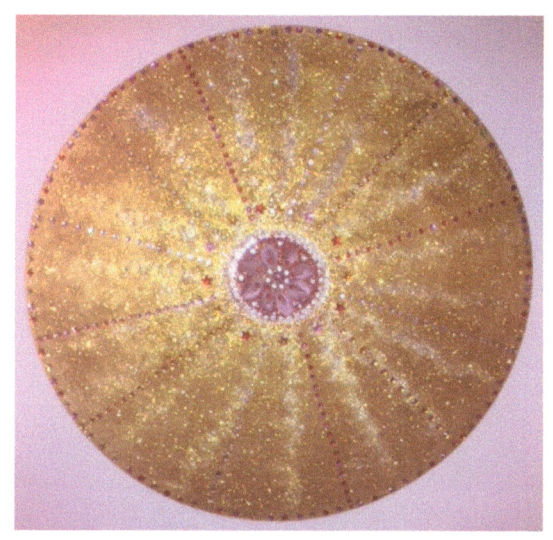

24. L'ETERNITÀ

Siete eterni, ma continuate a non crederci. Nel piano fisico è impossibile realizzare l'eternità, potete soltanto credere che sia così fintanto che siete nel corpo. Il cammino spirituale è proprio questo disidentificarvi dal vostro corpo e dalla vostra mente, ciò vi ricondurrà all'eternità.

25. L'ATTO DI OSSERVARE

Il pensiero crea l'osservatore, la cosa osservata e l'atto di osservare. Apparentemente sembrano separati, invece, sono un movimento unico. Voi siete ciò che testimonia il nascere e il dissolversi dei vostri pensieri nella vostra mente. Voi siete il silenzio che c'è nella vostra mente e che precede ogni pensiero. Divenendo consapevoli del silenzio che regna dentro di voi, la vostra vita sarà sempre più in pace, vivrete sempre più stati d'infinita beatitudine ed estasi.

26. L'EVOLUZIONE UNIVERSALE

Le qualità della vostra mente stabiliscono i criteri di valutazione. Nessuno è meglio o peggio dell'altro, siete tutti connessi gli uni agli altri e l'Amore vi farà capire che voi siete diversi ma non separati dagli altri. I cammini sono sempre diversi, ma la fonte o la sorgente è la stessa per tutti.

27. LA REALIZZAZIONE DEL SÉ

Nei diversi piani di coscienza ci sono diversi gradi evolutivi a dipendenza delle esperienze vissute dall'anima. Chiunque si manifesti è soggetto a tali leggi. Non esiste evoluzione ma solo eventi che accadono. La realizzazione del Sé accade nel momento in cui accettate totalmente di essere l'Assoluto. Quando realizzate il Sé, la fiamma della pura consapevolezza brucia tutto ciò che non siete, e quello che rimane di voi continua ad esistere, seguendo il suo corso, è come spegnere l'interruttore di un ventilatore, le eliche continuano a girare fino quando l'energia si è esaurita, così come le vostre vite. Non abbiate più alcuna immagine di voi stessi, se affiora nelle vostre menti, bruciatela, sacrificandola, ovvero, rendendola sacra, sulla fiamma della pura consapevolezza, che affonda le sue radici nella pace della mente. Solo allora sarete veramente liberi da ogni condizionamento. Siete l'immutabile consapevolezza che precede la coscienza e l'incoscienza.

28. IL SÉ

Il Sé è l'Assoluto, quindi, include tutto, la conoscenza e la non conoscenza. Non esiste nulla al di fuori del Sé. **Il silenzio interiore è il Sé che unisce e trascende tutto e il nulla; ogni separazione viene a cadere.**

29. L'ASSOLUTO, DIO

Se non vi è possibile accettare di essere l'Assoluto, iniziate con l'esserne assolutamente convinti, scacciando ogni dubbio dalla vostra mente. **Il senso di realizzazione completa nella vita viene raggiunto accettando** completamente ciò che siete, l'Assoluto. Ecco che ogni senso di separazione viene a cadere.

CONCLUSIONE

Vi auguriamo di cuore che queste illuminanti carte vi aiutino a portare libertà, luce e amore nelle vostre vite.

ISHVARA

LIBERTÀ * LUCE * AMORE

Dawio Bordoli

Insegnante di Yoga sciamanico, Costellatore immaginale, Musicoterapista, Master Reiki, Channelor, ricercatore spirituale, ha creato insieme a sua moglie Therry diverse tecniche di crescita personale e spirituale come l'Ishvara Amrita Yoga, Costellazioni Relazionali, Ishvara Healing Meditation, Zen-Satsang e la Pittura Zen creativa; conduce gruppi per la crescita personale e spirituale e di Kirtan/Bhajan. Ha pubblicato 11 libri.

Maria Theresia Bitterli

Master of Art in Counseling Relazionale, Bachelor in scienza della comunicazione, Costellatrice e Counselor immaginale, Drammaterapista, Musicoterapista, Arteterapista, Master Reiki, Naturopata, Channelor, Medium e Guaritrice della luce, insegnante di AuyrYoga, Yesudian e Yoga sciamanico, Astrologa, ricercatrice spirituale, ha creato insieme a suo marito Dawio diverse tecniche di crescita personale e spirituale come l'Ishvara Amrita Yoga, Costellazioni Relazionali, Ishvara Healing Meditation, Zen-

Satsang e la pittura Zen creativa, conduce diversi gruppi di attività per la crescita personale e spirituale. Ha pubblicato 18 libri.

Bibliografische Information der Deutschen
Nationalbibliothek:
Die Deutsche Nationalbibliothek verzeichnet diese
Publikation in der Deutschen Nationalbibliografie;
detaillierte bibliografische Daten sind im Internet über
http://dnb.dnb.de abrufbar.

Herstellung und Verlag: BoD – Books on Demand,
Norderstedt

ISBN: 978-3-7460-3253-5

www.studioishvara.com